LA LLAVE A LA ADORACIÓN NO ES LA MÚSICA, SINO EL CORAZÓN

DISCIPULADO I
Edición 2017

LA LLAVE A LA ADORACIÓN NO ES LA MÚSICA, SINO EL CORAZÓN

Discipulado I

Lidia Alvado
Copyright 2017 - Lidia Alvado
Todos los derechos reservados.
Diseño portada: Freepik
Maquetación y edición: Cristopher P.

Para conectarse con el autor :
lidiaalvado23@hotmail.com
+34 654 992 030   ESPAÑA

"Guía práctica y espiritual para los miembros del equipo de alabanza"

Este es un ministerio para el Señor.

"Somos siervos y damos servicio a la Iglesia no estamos solos"

La Biblia habla de integridad y excelencia como personas y como equipo debemos tener esta calidad en todas las áreas de nuestra vida.

ÍNDICE

Tema	Pag.
- Alabanza y adoración	6
- La adoración no es música	11
- Separados para el ministerio	13
- Las canciones son palabras	15
- ¿Somos consecuentes con lo qué cantamos?	17
- Cantamos !!!	19
- Ayuno musical	21
- En público y en privado	23
- La música como arma de transformación	26
- Alabanza y adoración intencional	28
- Reflejamos su luz, no somos estrellas	31
- Conociendo sus tiempos	33
- Canciones para este tiempo	35
- Canciones según el tabernáculo	37

INTRODUCCIÓN

Dios puso en mi corazón escribir este discipulado para enseñar e instruir acerca de las cosas que he aprendido en estos 14 años de ministerio en el equipo de alabanza.

Seguramente algunas de estas cosas ya las habrás escuchado antes y otras pueden ser de revelación para tu vida, sea como sea, este discipulado nació en el corazón de Dios para ayudar a líderes de alabanza, miembros del equipo de alabanza y a todo el que sea parte del cuerpo de Cristo, a discipularse unos a otros en el ámbito de la alabanza y la adoración, además de generar un hábito en cada uno de crear encuentros con nuestro Padre Dios.

También aportar más entendimiento, conocimiento y sabiduría, en el uso de esta maravillosa herramienta que es la música, para transformar la vida de las personas y aprender a atar y a desatar la voluntad de Dios aquí en la tierra.

Alabanza y Adoración

Alabanza: es elogiar con palabras algo que es bueno.
A Dios le agrada que le alabemos y también que nos alabemos, no a nosotros mismos, sino los unos a los otros. Cuando lo hacemos le estamos diciendo a Dios que todo lo que Él ha hecho es bueno, con lo cual estamos alabándole a El y a Su creación.
A Dios le agrada alabarnos y decirnos todo lo bueno que ve en nosotros a través de Jesus, pero también le agrada ver cómo nosotros alabamos a los demás más que a nosotros mismos, para Él es signo de humildad y de saber a quién le pertenece la gloria.
No se refiere a algo desmedido, sino a aprender a valorarnos y a honrarnos, sabiendo que todo lo que hay en nosotros viene de Dios.
Podemos ver en la historia como Dios alabó a David diciéndole que "era un hombre conforme a Su corazón" y lo ha honrado por generaciones, que hasta aún hoy se le honra por sus obras.

2 Corintios 10:18 «porque no es aprobado el que se alaba a sí mismo, sino aquel a quien Dios alaba.»

Por tanto, a Dios no le agrada que nos alabemos a nosotros mismos, porque al final podemos caer en orgullo, y eso hcer que nos apartemos de Él y nos quiere proteger.

Este ejercicio te llevará a verte como Dios te ve y poder ver a los demás también con Sus ojos.

Entra en tu habitación y cerrada la puerta, busca al Señor para que te muestre las cosas buenas que El ve en ti y haz una lista, busca una canción de adoración para relajar tu alma:

_____   _____
_____   _____
_____   _____
_____   _____

Adoración: adorar es "amar al extremo". La adoración no trata de lo que podemos recibir De Dios, sino de lo que somos capaces de entregarle a El.

¿Que estarías dispuesto a hacer por alguien al que amas al extremo? (supongamos)

_____
_____
_____
_____

¿Estarías dispuesto a entregar tu vida si amases de esa manera? ¿Porque?

_____

La adoración, a diferencia de la alabanza, no está permitido entregarla a nadie, ni a nada más que a Dios.

La adoración trata de un amor al límite, una relación íntima, al extremo de perder la propia identidad para convertirse en la otra persona.

Es reverencia, honra, saber quién es Dios y quiénes somos nosotros. Es entender Su inmensidad y nuestra pequeñez a su lado. Saber cuál es nuestro lugar cuando estamos en Su presencia.

Todos los ídolos, ya sean músicos, actores, famosos, etc., tienen fans que los siguen y que serían capaces de hacer cualquier cosas por ellos.

Piénsalo un momento, si tuvieses que identificar a uno de esos fans y categorizarlo según el cantante o ídolo al que sigue ¿cómo lo identificarías?

¿Como sabrías que una persona que está catando por la calle es fan de Justin Bieber?

_____
_____
_____
_____
_____

Salmos 135:15-18«Los ídolos de las naciones son plata y oro, Obra de manos de hombres. Tienen boca, y no hablan; Tienen ojos, y no ven; Tienen orejas, y no oyen; Tampoco hay aliento en sus bocas. Semejantes a ellos son los que los hacen, Y todos los que en ellos confían.»

Exactamente, porque imitan sus formas de vestir, de hablar, de comportarse, tienen cosas que reflejan su devoción por ellos, al final son pequeñas copias de sus ídolos.
Ellos los adoran, por lo tanto, acaban convirtiéndose en lo que adoran.

Por esa misma razón la adoración solo debe ser para Dios, porque cuando entramos a Su presencia y le adoramos, nos revestimos de El, acabamos hablando y actuando como El, porque nos convertimos en lo que adoramos.

A través de nuestra intimidad y adoración, podemos conocerle más e imitarle, para que cuando la gente nos vea por la calle puedan verle a Él en nosotros.

¿Como está tu vida de adoración?

_____

¿Cuánto tiempo de adoración dedicas a la semana?

_____

Toma un tiempo esta semana para entrar a tu habitación , usa una canción que te inspire a adorarle y a entrar en una intimidad más profunda con El.

Salmos 63:1-3. «Dios, Dios mío eres tú; De madrugada te buscaré; Mi alma tiene sed de ti, mi carne te anhela, En tierra seca y árida donde no hay aguas, Para ver tu poder y tu gloria, Así como te he mirado en el santuario. Porque mejor es tu misericordia que la vida; Mis labios te alabarán.»

¿Que cosas te ha revelado el Señor en tu tiempo de adoración con El?

_____
_____
_____
_____
_____
_____

Haz una lista durante 1 semana completa y pon en ella 3 atributos De Dios diferentes entre sí al día, veras cuan bueno es adorar a Dios y alabar todo lo que ha hecho.
Quizás no te canses de hacerlo y te agrade seguir cada día con algo nuevo.

Salmos 71:8 «Sea llena mi boca de tu alabanza, De tu gloria todo el día.»

Día 1	Día 2	Día 3	Día 4
Día 5	Día 6	Día 7	Día 8

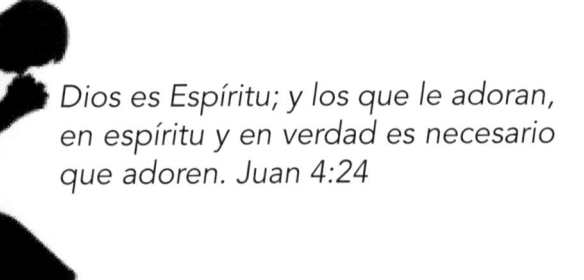

Dios es Espíritu; y los que le adoran, en espíritu y en verdad es necesario que adoren. Juan 4:24

La adoración no es música

Hay una línea muy fina entre adorar con música y adorar la música. Es muy fácil confundir esa sensación en nuestras almas porque, en el momento, podemos sentir muchas emociones que nos pueden hacer pensar que estamos adorando a Dios aunque no sea así.

La diferencia viene cuando dejamos ese lugar de deleite. Recuerda alguna vez en que tu vida haya sido transformada a través de una adoración a Dios y responde las siguientes preguntas:

1-¿Que es lo que se produce en ti después de haber adorado? (toma de decisiones firmes, pasos de acción que se pueden ver). Debe de haber cambiado algo en ti en lo natural...

_____
_____
_____
_____

2-¿Que cambios has notado en tu espíritu?

_____
_____

3-¿Y en tu carácter y actitudes que ha cambiado?

_____
_____

Es ahí donde vemos si realmente hemos alcanzado la habitación del Padre, ya que no es posible salir de Su presencia igual que hemos entrado. Porque teniendo al Creador de todo, Omnipotente, inigualable, supremo Dios, Padre Eterno y Dios de todo el Universo delante de nosotros, no es posible seguir siendo la misma persona.

Salmos 84:10 «Porque mejor es un día en tus atrios que mil fuera de ellos. Escogería antes estar a la puerta de la casa de mi Dios, Que habitar en las moradas de maldad.»

Esta semana dedícate a observar cómo va tu vida después de cada cita de adoración con el Señor. Reflexiona al final de la semana y vuelve a contestar de nuevo las 3 preguntas anteriores:

1-_____
_____
_____

2-_____
_____
_____

3-_____
_____
_____

Separados para el ministerio

Éxodo 25:8-9 «Y harán un santuario para mí, y habitaré en medio de ellos. Conforme a todo lo que yo te muestre, el diseño del tabernáculo, y el diseño de todos sus utensilios, así lo haréis.»

En el antiguo testamento Dios pidió a Moisés que le construyera un lugar donde Su presencia morase y Su pueblo pudiese encontrarse con El. Los utensilios e instrumentos del templo no podían ser usados para ninguna otra función o cosa que no fuere para lo que habían sido creados y destinados. De hecho esos utensilios e instrumentos eran ungidos, dedicados y santificados a Dios.

1 Corintios 6:19 «¿O ignoráis que vuestro cuerpo es templo del Espíritu Santo, el cual está en vosotros, el cual tenéis de Dios, y que no sois vuestros?»

De la misma manera ahora nuestro cuerpo es el templo del Espíritu Santo. Dios nos ha dado dones, habilidades y talentos, estos son los utensilios e instrumentos que Dios ha puesto en Su templo para servirle.
Según el llamado, hay dones y habilidades que Dios nos ha dado para que las dediquemos exclusivamente a El.

1 Corintios 3:16-17 «¿No sabéis que sois templo de Dios, y que el Espíritu de Dios mora en vosotros? Si alguno destruyere el templo de Dios, Dios le destruirá a él; porque el templo de Dios, el cual sois vosotros, santo es.»

En nuestro caso, esos dones y habilidades están relacionados con la música y la habilidad de cantar, danzar, tocar algún instrumento y con la capacidad de crear arte en toda su esencia.

1- Haz una lista de los dones, habilidades y talentos que Dios te ha dado:

- ⊘
- ⊘
- ⊘

- ⊘
- ⊘
- ⊘

2- Busca al Señor en oración y pregúntale cuales de ellos debes dedicarle, en exclusiva, a El.

- ⊘
- ⊘
- ⊘

- ⊘
- ⊘
- ⊘

Por último, haz una oración y entrégale a Dios esos dones que El está demandando de ti para Su Reino.

Si en los poco le eres fiel, en lo mucho te pondrá.
Confía en que Dios puede hacer mucho más con ellos de lo que podemos hacer nosotros.

Las canciones son palabras

Proverbios 15:2, 4 «La lengua de los sabios adornará la sabiduría; Mas la boca de los necios hablará sandeces.» «La lengua apacible es árbol de vida; Mas la perversidad de ella es quebrantamiento de espíritu.»

Hebreos 11:3 «Por la fe entendemos haber sido constituido el universo por la palabra de Dios, de modo que lo que se ve fue hecho de lo que no se veía.»

En la Biblia Dios nos enseña cuan importantes son las palabras. Dios creó por su palabra todas las cosas. Las palabras son semillas que se plantan en los corazones que pueden cambiar las situaciones y las vidas para bien o para mal.
Las letras de las canciones están compuestas por palabras y diferentes melodías y armonías musicales. Por esta razón, entendemos que las canciones son promesas, pactos y oraciones a Dios.

Reflexiona sobre esta canción:
Isaías 54 (Lidia Alvado):

Mira a tu alrededor y deja de hacerte el ciego, pues si has creído tienes que nacer de nuevo y transformarte totalmente en tu interior. Eres mi hijo amado y por eso te castigo, más no te hundas tu tienes que ser testigo de lo que hago dentro de tu corazón.
Alcanza, establece y gobierna esta nación, ensancha las cortinas de tu habitación, que el resto del mundo pueda conocer que Yo Soy tu Dios, que Yo Soy tu Dios..
// Ve y discípula a todas las naciones y ten compasión del que se perdió Llega a los pueblos y ciudades asoladas, que vean mi luz a través de ti//
// Regocijate, Oh estéril, la que no daba a luz, ha llegado tu tiempo Levanta canción grita con júbilo, pues tu descendencia heredará las naciones//

¿A que nos compromete esta canción?
_____
_____
_____

Es nuestra responsabilidad como embajadores de la adoración, enseñar este principio al pueblo De Dios. Cuando cantamos nos estamos comprometiendo con nuestras palabras, estamos tomando un pacto, es por eso que no debemos cantar a la ligera.

Santiago 5:12 «Pero sobre todo, hermanos míos, no juréis, ni por el cielo, ni por la tierra, ni por ningún otro juramento; sino que vuestro sí sea sí, y vuestro no sea no, para que no caigáis en condenación.»

El mundo está acostumbrado a NO escuchar las letras de las canciones, por eso se pierden. Nosotros debemos darle más importancia.

> ∾
> Dios le dijo a un amigo mío una vez:
> " No escuches la música, ve la música"
> ∾

La música no es solo algo que podemos oír, debemos ir más allá y mirar lo que provoca la música en las personas que las están escuchando.

Observa a tu alrededor mientras otros escuchan música ¿Como reaccionan y se comportan?
_____
_____
_____

¿Somos consecuentes con lo que cantamos?

> "La adoración es un acto externo, provocado por un sentimiento interno"

Mis hijos y yo jugamos a un juego que nos da mucha risa, y es que yo les tengo que decir que pongan caras de cosas como una banana, o cara de coche o de bolígrafo y ellos la tienen que poner, jajaja la realidad es que ponen cara de todo menos de eso y eso es lo divertido. El punto es que a veces nosotros hacemos lo mismo cuando estamos cantando las canciones durante la celebración, ya que le estamos diciendo a Dios me arrodillo ante ti, y todavía estamos de pie. Un día Dios me llevó a observarme primero en mis acciones mientras estaba cantando en su presencia y me hizo reflexionar sobre esta promesa que nos dió Jesus:

Mateo 18:20 «Porque donde están dos o tres congregados en mi nombre, allí estoy yo en medio de ellos.»

Sentí una gran convicción en mi espíritu de que durante mucho tiempo no había estado haciéndolo correctamente e incluso había estado mintiendo a Jesus en su presencia cada vez que le cantaba me arrodillo ante ti y no lo había hecho. Podemos buscar excusas, como he escuchado a algunos decir: es que yo me arrodillo en mi espíritu. Al igual que en el juego, mis hijos querían poner cara de banana, pero la realidad es que no lo hacían, y así pasa también con nuestras palabras y acciones a la hora de alabarle y de adorarle.

1- Busca al Señor en oración y si es necesario pídele perdón por todas esas veces que no has sido íntegro a la hora de cantarle, alabarle y adorarle. Pídele que te guíe y te muestre cómo hacerlo. Dios te sorprenderá.

∞

Padre te pido perdón por no haber tenido en cuenta mis palabras hacia ti, ahora entiendo que mi alabanza, lo que te canto, son oraciones y palabras que yo te entrego y que esas palabras me comprometen a cosas que después tengo que cumplir. Límpiame de todas las cosas que he prometido inconscientemente cantando y guíame a un entendimiento más profundo de cada letra en cada canción que yo cante.
Te amo y quiero hacer las cosas como a ti te agradan.
Te pido que me ayudes en este camino en el nombre de tu hijo amado Jesucristo. Amén.

∞

2- Escribe como te has sentido después de hacer lo que tenías que hacer y que te ha dicho Dios al respecto.

_____
_____
_____
_____
_____
_____
_____

Cantamos!!

En el mundo espiritual solo hay 2 bandos, por lo tanto, solo 2 fuentes de inspiración. Uno es Dios y el otro el diablo.

«¡Oh almas adúlteras! ¿No sabéis que la amistad del mundo es enemistad contra Dios? Cualquiera, pues, que quiera ser amigo del mundo, se constituye enemigo de Dios.» Santiago 4:4 RVR1960

La Biblia nos habla que la amistad del mundo es enemistad contra Dios.
Los compositores y salmistas cuando componemos y escribimos las canciones, lo hacemos desde nuestras experiencias, convicciones y las conclusiones que sacamos de las situaciones a nuestro alrededor. Nunca es algo al azar, por eso es tran peligroso cantar canciones que no son dirigidas a Dios o que no esten compuestas por cristianos que tengan buen fruto, ya que lo mas importante de esto es de donde viene la inspiración.
Hay 3 tipos de música a tener en cuenta:
Música Cristiana - Música satánica - Música secular (salmos 145:7)

<u>Música cristiana:</u> es inspirada por Dios y para Dios. Sirve para adorarle, para profetizar, declarar y proclamar. También para predicar el evangelio. La parte central de las canciones es Dios.

<u>Música satánica:</u> es inspirada por el diablo. Es creada para adorar a satanás y extender su maldad.

<u>Música secular:</u> también es inspirada por el diablo, sirve para corromper al ser humano, manipular sus emociones y deseos, y llevarlos directamente al pecado.

Esta música tiene el propósito de desviar tu atención a otras cosas, en vez de adorar a Dios.

A nuestro adversario lo que le interesa es que pongamos nuestra adoración en otras cosas y que no adoremos a Dios.

Busca 1 canción de cada tipo y explica el porque piensas que es de ese tipo de canción.

1- Música cristiana
_____
_____
_____

2- Música satánica
_____
_____
_____

3- Música secular
_____
_____
_____

Es bueno que analicemos cada canción siempre, no te dejes llevar por la emociones del momento, así el adversario no podrá usar este arma contra ti.

Ayuno musical

Dios es el creador de la música, cada sonido nuevo, melodía y canción salen del corazón de Dios, El es su creador. Cuando Dios crea algo nuevo, musicalmente hablando, hay un tiempo de gracia en donde sus hijos podemos disfrutar del privilegio de escucharlo y disfrutarlo antes de que lo escuche satanás. Debemos ser conscientes de la realidad de que el diablo y sus secuaces viven en el mundo espiritual y que nosotros vivimos en el mundo natural, por lo tanto, mientras que a ellos no les supone un esfuerzo escuchar lo nuevo que viene de parte de Dios, nosotros nos tenemos que esforzar más, por buscar y entrar en el mundo espiritual, para poder escucharlo. En este proceso, Dios nos da a sus hijos ese tiempo de gracia para que solo nosotros podamos escuchar esos sonidos nuevos, cuando no los alcanzamos, el diablo los roba y los corrompe.
Sabiendo esto, entendemos que la música no Cristiana que escuchamos, ha pasado un proceso de contaminación al pasar por las manos de satanás, y por lo tanto ha dejado de ser pura, sino que ha sido corrompida por él.

A lo largo del ministerio he escuchado a muchos músicos cristianos decir que para mejorar como músicos debían escuchar música secular, para así poder practicar y alcanzar un buen nivel profesional a la hora de ministrar en la alabanza y la adoración, pero eso realmente es un gran engaño de satanás. El Rey David fue un gran músico y compositor y sin embargo en aquellos tiempos no existía YouTube, ni los cds, ni los discos de vinilo, ni siquiera los radiocasetes, pero podían crear e inventar nuevos sonidos y ritmos, tampoco habían artistas del año, ni hits, ni grammys, pero la música adoraba y exaltaba a nuestro Dios.

Con esto llegamos a la conclusión de que para poder escuchar lo nuevo que viene de parte De Dios, nuestros oídos deben ser canales limpios, para que lo que escuchamos sea lo más puro posible a lo que Dios ha creado.

Una buena forma de limpiarse los oídos, la cual Dios me ha enseñado, es tomarse un tiempo de ayuno musical, puedes hacerlo de varias maneras:

- Ayuno parcial (dejar toda la música NO Cristiana)

- Ayuno total (dejar todo tipo de música durante un periodo de tiempo)

- Ayuno natural (dejar todo tipo de música, excepto en los momentos de adoración e intimidad
con el Señor)

He podido experimentar en mi vida la satisfacción de ser libre de la música que manipulaba mi mente y mis pensamientos aún cuando yo creía que no era así, solo se puede experimentar cuando uno no está envuelto en ello y puede verlo desde fuera del vaso.
Dios me ha dado canciones increíbles en estos momentos de ayuno, seguro a ti también te dará.
Tomate esta semana para ayunar musicalmente y después escribe tus experiencias aquí para poder compartirlas con otros:
Mis experiencias en el ayuno musical han sido:

∞

_____
_____
_____
_____
_____
_____

∞

En público y en privado

«A cualquiera, pues, que me confiese delante de los hombres, yo también le confesaré delante de mi Padre que está en los cielos. Y a cualquiera que me niegue delante de los hombres, yo también le negaré delante de mi Padre que está en los cielos.»
Mateo 10:32-33 RVR1960
«Mas tú, cuando ores, entra en tu aposento, y cerrada la puerta, ora a tu Padre que está en secreto; y tu Padre que ve en lo secreto te recompensará en público.»
Mateo 6:6 RVR1960

Hay muchos debates entre estos dos versículos, que parecen contradictorios, pero la realidad es que nos están dando dos enseñanzas diferentes.

En la Biblia Dios compara su relación con nosotros a un matrimonio y yo voy a usar este ejemplo para explicar lo que sucede en estos dos versículos a la hora de adorarle.
Tengo dos preguntas para ti:
- ¿Qué pensarías si la persona a la cual amas te dijera en público que te ama, que quiere pasar
el resto de su vida contigo, y después en privado pasa de ti, no quiere hablar, no te dice que te
ama, ni se acerca a ti?
Lo que en verdad yo pensaría es que esa persona quiere aparentar delante de la gente que me ama, pero la realidad es que no es así.
- ¿Y que pensarías si la persona que amas, en público no se acercara a ti, no te dijera que te ama, ni demostrará a los demás que te ama y no les hablara a los demás de ti, pero en privado te busca, te dice que te ama y que eres lo mejor que ha conocido?

Lo que yo pensaría, sería que se avergüenza de mi, que no quiere que los demás sepan que me ama, y seguro que eso me haría sufrir mucho.

Esto también pasa con nuestra relación con Dios. A veces nos excusamos en el versículo que dice: ora a tu padre que está en secreto y él te recompensará en público.

Pero la realidad es que una cosa no puede subsistir sin la otra.

Dios nos ama en público y en privado, El no se avergonzó y no se avergüenza de nosotros, le dice al mundo cuánto nos ama, y lo demuestra a cada momento, pero también en privado tiene detalles con nosotros, nos da palabras de aliento, nos cuida, nos ama a cada uno en particular.

A El le agrada que nosotros podamos mostrarle también a El este amor tan hermoso, que es tan grande que se tiene que expresar en todo momento, estemos en público o en privado.

∽

- ¿ Te acuerdas de alguna situación en la que hayas hablado sobre Dios en público? ¿Como fue? ¿Como te sentiste?

_____
_____
_____

- ¿ Como son tus encuentros con Dios en privado? ¿ De que habláis?

_____
_____
_____

Se trata de tener una relación con El en Espíritu y en verdad. No pierdas las oportunidades públicas de demostrarle tu amor a Dios y disfruta con El de los momentos íntimos para darle lo mejor de ti a El.

Aplica esta semana estos dos principios bíblicos y escribe tus experiencias, seguro Dios te va a sorprender. Imposible amarlo y no hablar de El.

Notas:

La música como arma de transformación

Como hemos aprendido unas lecciones atrás, nuestras canciones contienen palabras y las palabras tienen poder, por lo tanto podemos lanzar nuestra alabanza y nuestra adoración como un arma poderosa.

«Exalten a Dios con sus gargantas, Y espadas de dos filos en sus manos, Para ejecutar venganza entre las naciones, Y castigo entre los pueblos; Para aprisionar a sus reyes con grillos, Y a sus nobles con cadenas de hierro; Para ejecutar en ellos el juicio decretado; Gloria será esto para todos sus santos. Aleluya.»
Salmos 149:6-9 RVR1960

Cuando alabamos y adoramos a Dios estamos accionando nuestra fe, ya que la alabanza es el lenguaje de la fe, es la fe en acción, porque contiene la palabra de Dios.
Y no hay cosa que más le moleste al enemigo que nosotros en las dificultades exaltemos a Dios, levantemos Su nombre, reconozcamos Su poder y le entreguemos totalmente todo porque tenemos total confianza en Dios que no hay nada que nos pueda separar de El.

«Y habido consejo con el pueblo, puso a algunos que cantasen y alabasen a Jehová, vestidos de ornamentos sagrados, mientras salía la gente armada, y que dijesen: Glorificad a Jehová, porque su misericordia es para siempre.»
2 Crónicas 20:21-23 RVR1960

Dios lo hizo así para que dependiésemos y confiásemos totalmente y solamente en Él, en Sus palabras y no en nuestras propias fuerzas y opiniones.

En esos momentos nuestra alabanza y nuestra adoracion se convierte en nuestra mejor arma. Profetizamos a través de las canciones lo que sucederá.

«Asimismo David y los jefes del ejército apartaron para el ministerio a los hijos de Asaf, de Hemán y de Jedutún, para que profetizasen con arpas, salterios y címbalos;....»
1 Crónicas 25:1 RVR1960

¿Hay alguna situación en tu vida, o en la vida de un ser querido o conocido, en la que necesites que Dios intervenga? Pide al Señor que te guíe a una canción que trate sobre el tema, ya sea fe para intervenir o una canción de ánimo para dar confianza en Dios. Cuando lo hagas fíjate en la reacción de la persona que la este escuchando, pregúntale su experiencia después de una semana y escribe las impresiones aquí. ¿Como de efectiva ha sido? ¿En que le ha ayudado a superar o alcanzar la voluntad De Dios para esa situación? Etc...

_____
_____
_____
_____
_____
_____
_____
_____
_____

Alabanza y Adoración Intencional

Antes que nada debemos definir el significado de intencional para poder entender lo que estamos leyendo.
Intencional: hacer o decir algo con una intención predeterminada.
Una de las cosas de David que agradaba a Dios, era la actitud en que David le consultaba todas las cosas a Él.

«Entonces David consultó a Dios, diciendo: ¿Subiré contra los filisteos? ¿Los entregarás en mi mano? Y Jehová le dijo: Sube, porque yo los entregaré en tus manos.»
1 Crónicas 14:10 RVR1960

La cuestión no era si David confiaba o no en Dios, que está claro que si, lo que le agradaba a Dios de él era que así como Dios contaba con David para hacer sus planes y propósitos a través de él, también David contaba con Dios para todo, no solamente porque Dios conocía el futuro, sino por la relación estrecha que había entre Dios y David, además de no interferir negativamente en los planes de Dios para Israel.

Así como hemos leído en las lecciones anteriores, sabemos que la alabanza y la adoración se puede usar como un arma de guerra. Pero así como un arquero debe saber cómo funciona su arco, nosotros debemos saber cómo usarla para ser más certeros en la batalla. Las canciones deben de ser nuestro vehículo para llegar a la habitación del Padre. Tienen el poder de cambiar la atmósfera y de llegar a lo más profundo del alma de las personas, cambiar nuestras emociones y nos sirven de guía.

Dios tiene planes y propósitos, cada día, que deben de ser cumplidos, es por eso que debemos de saber cuáles son esos propósitos para poder elegir intencionalmente las canciones que vamos a usar en cada momento. No podemos escoger las canciones pensando en si me gustan o no, si esta pasada de moda, por el ritmo, o incluso por si me ministran o no, hay que buscar a Dios para encontrar su propósito en esa reunión o evento. Las canciones deben tener un mismo fluir en el mensaje y tienen que llevarnos a un destino, que sería el propósito para esa reunión o evento.

En mis inicios en el equipo de alabanza, escogíamos las canciones para el domingo cuatro días antes, en realidad 2 días antes del ensayo, eso nos daba muy poco margen de practica, además de que las canciones no tenían fluidez unas con otras.

Cuando me empezaron a discípular como una de las líderes del equipo, comenzamos a enviar las canciones primeramente una semana antes, después 2 semanas antes, luego 3 semanas y cada vez más debíamos buscar al Señor para que las canciones coincidieran con lo que Dios quería hacer el domingo y que construyeran junto con la prédica un puente para que las personas se encontrarán con Dios.

¿ Alguna vez has notado que las canciones que se habían escogido para ese domingo eran justo el mensaje que confirmaba la predicación de ese día? ¿ cómo fue?

_____
_____
_____

¿Y alguna vez ha pasado que las canciones no tenían nada que ver con el mensaje de esa semana y sentiste escoger otras canciones diferentes para ministrar o terminar la reunión? ¿Porque crees que fue?

_____
_____
_____
_____
_____
_____

Hoy en día soy líder principal del ministerio de alabanza de mi congregación y busco al Señor para que me dé las canciones, de un mes entero, un mes antes, incluso sin saber quiénes de los líderes van a predicar y os aseguro que Dios siempre és fiel, y nos muestra sus propósitos, si le preguntamos.

Toma tiempo con Dios para saber sus planes y propósitos, a Él le encanta pasar tiempo con sus amigos y contarles lo que quiere hacer.

*«La comunión íntima de Jehová es con los que le temen,
Y a ellos hará conocer su pacto.»*

Salmos 25:14 RVR1960

Reflejamos Su luz, No somos estrellas

«Otra vez Jesús les habló, diciendo: Yo soy la luz del mundo; el que me sigue, no andará en tinieblas, sino que tendrá la luz de la vida.»
S.Juan 8:12 RVR1960

En algunas ocasiones he escuchado ministros que decían que Dios les ha llamado para hacer algo grande, a hacer algo diferente. ¿Pero diferente a quien? ¿O a que?
La Luz es Cristo y Su espíritu vive dentro de nosotros por lo tanto somos luz. De ahí la afirmación de Jesus cuando dijo: vosotros sois La Luz del mundo.
Cuando en este pasaje Jesus nos dice esto, no se refería a cada uno en individual, aunque cada uno debemos alumbrar allá a dónde vamos, pero por algo lo dijo en plural, se refería claramente a Su iglesia, a lo que estaba aconteciendo en ese momento, El estaba estableciendo un gobierno, ya que iglesia en Griego es <<EKKLESIA>> y para los judíos la ekklesia era la asamblea en donde se tomaban todas las decisiones que afectaban al pueblo y nosotros debemos ser esa asamblea para las naciones.
Pero ¿que pasa cuando pensamos que unos brillamos más que otros? ¿Que debemos brillar y ser luz, pero solo lo hacemos cuando estamos en la reunión o con algún hermano? ¿O pensamos que lo que Dios nos ha dado para hacer es algo más grande que lo de los demás?
Una vez el Señor me mostró algo por medio de una palabra de conocimiento, hay personas que desean brillar en medio de la Iglesia, pero no se dan cuenta que encender una luz en medio de La Luz no tiene mucha repercusión, pero La Luz brilla más intensamente allí donde hay oscuridad. ¿Que quiere decir esto?

Las personas en la iglesia no es necesario que brillemos individualmente porque la iglesia ya tiene la fuente de luz que es Cristo, pero juntos, cuantos más mejor, podemos alumbrar mucho más que una pequeña luz en medio de toda esa oscuridad que inunda el mundo.

Nadie hace una trabajo mejor que otro, todos ponemos ese granito de arena que hace que la voluntad De Dios se cumpla. ¿O es que Dios no sabe lo que hace? Dios es perfecto en todos sus caminos. Y cada uno debemos estar, donde tenemos que estar, en el momento que debemos de estar, como tenemos que estar para cumplir los propósitos De Dios para esta Tierra, así funciona.

¿Donde estás tú? ¿Estás donde Dios quiere que estés en éste momento?

_____
_____
_____

¿Que piensas sobre esta reflexión?

_____
_____
_____

La diferencia la debemos hacer hacia el mundo y no hacia nuestros mismos hermanos. <<La iglesia es una sola>> y nosotros somos un solo cuerpo en Cristo Jesus.

Porque la luz no nos pertenece, nosotros reflejamos La Luz de Cristo.

Conociendo Sus tiempos

«De los hijos de Isacar, doscientos principales, entendidos en los tiempos, y que sabían lo que Israel debía hacer, cuyo dicho seguían todos sus hermanos.»
1 Crónicas 12:32 RVR1960

Dios trabaja con nosotros por medio de etapas, estaciones, tiempos. Cuando hablamos de los tiempos de Dios, hay varios aspectos que debemos tener en cuenta:
- Está el tiempo que vivimos personalmente cada uno.
- El tiempo en el que está tu familia.
- Esta el tiempo en el que vive el equipo en el que estás involucrado (célula, alabanza, jóvenes, trabajo, etc...).
- Esta también el tiempo De la Iglesia local.
- Esta el tiempo De la Iglesia en tu país.
- Y el tiempo De la Iglesia global.

Todos estos aspectos hay que tenerlos en cuenta cuando vamos a preguntarle al Señor cuál es su plan, dependiendo a que escala estemos trabajando en ese momento específico. Si la pregunta es personal o es sobre tu casa o sobre tu iglesia local, debemos saber discernir en que tiempo estamos según su plan, eso hará que seamos más efectivos.

¿Y como sabemos en qué tiempo estamos?
- Pregúntale al Señor y El seguro te responderá.
- Coméntalo con tus pastores y líderes, ellos pueden guiarte y ayudarte a discernirlo.
- Si eres un pastor, quizás otros pastores de la zona puedan ayudarte.
- Debes tener al menos 3 confirmaciones del tiempo en el que estas para estar seguro y no equivocarte a la hora de actuar.

Si aprendemos a discernirlos:
- Podremos entender mejor que espera Dios de nosotros
- Dejaremos de frustrarnos
- Buscaremos mejor las soluciones a los obstáculos
- Seremos más certeros en los ataques enemigos
- No nos desanimaremos tan rápido.
- Tendremos mas paciencia y determinación.
- Correremos con más visión y fe.
- Estaremos más enfocados en el propósito que en el obstáculo.

Nosotros como ministros de la adoración debemos tener en cuenta esto también al escoger las canciones, ya que cada canción está compuesta para un tiempo específico.

En la lección pasada te pedí que escribieses dónde estabas tú en este momento.

Ahora que tienes un poco más de conocimiento sobre este tema ¿ en que tiempo piensa que estás?

_____

_____

¿Y tu iglesia local en que tiempo está ahora?

_____

_____

Pasa tiempo en oración a Dios pregúntale, seguramente Él te va a mostrar cosas grandes y ocultas que tú no conoces.

«*Clama a mí, y yo te responderé, y te enseñaré cosas grandes y ocultas que tú no conoces.*» *Jeremías 33:3 RVR1960*

Canciones para este tiempo

«Se han mostrado las flores en la tierra, El tiempo de la canción ha venido, Y en nuestro país se ha oído la voz de la tórtola.»
Cantares 2:12 RVR1960

Hay un tiempo para cada canción y una canción para cada tiempo.
Mi pastor me ha enseñado que cada congregación debe cantar las canciones del momento espiritual en el que se encuentran, porque es lo que están declarando proféticamente.

Y así es, nosotros buscamos a Dios no solamente para encontrar las canciones que se adecuan a nuestro tiempo, sino que los salmistas de la congregación escribimos las canciones del tiempo en el que se encuentra la congregación. Para esto deben trabajar en equipo, no solamente la músicos y compositores, sino que deben contar con los pastores, líderes y profetas de la congregación. Todos unánimes en el mismo espíritu podrán escribir esas canciones de decreto y declaración del tiempo que están viviendo.

**Es tiempo de desatar en la tierra
lo que Dios ya ha desatado en el cielo.**

Esta semana entra a tu habitación con una guitarra o teclado o simplemente una música para reflexionar solo instrumental.

Pídele a Dios que escriba por ti, quizás Dios te de alguna canción o letra que podáis usar en tu congregación. Eso no querrá decir que debes cantarla tu. Recuerda que todos somos un cuerpo y nos complementamos.

Si eres parte del equipo de alabanza, podéis proponer hacer un día de composición donde cada uno aportéis lo que Dios os ha dado en esta semana, seguro saldrá esa canción nueva que tu congregación necesita en este tiempo.

Escribe aquí lo que Dios te muestre, luego compártelo con otros:

Canciones según el tabernáculo

Las canciones que utilizamos son el vehículo que usamos para encontrarnos con Dios. En nuestra relación con Dios hay tres niveles que tenemos que tener en cuenta:

1- Si es pecado o no es pecado
2- Si edifica mi vida o no la edifica
3- Si glorifica a Dios o no le glorifica

Estos tres son las etapas de relación que atraviesa cualquier creyente, algunos se quedan en el primer nivel, otros en el segundo y solo algunos pocos consiguen llegar al tercero.

Si es pecado o no es pecado este es en el nivel que empezamos todos es el nivel más bajo de relacionarnos con Dios, es en el momento en que tomamos las decisiones sabiendo lo que es pecado y lo que no. Los cristianos que no cruzan esta línea son los que siempre tienen que estar entrando al altar del sacrificio para poder sentirse aceptados, normalmente se sienten más culpables y caen más rápido en el pecado. Tan solo conocen a Dios por su ley.

Si edifica mi vida o no la edifica en este nivel ya se busca más Su voluntad y los propósitos que Dios tiene para nosotros como personas, entendiendo el versículo en el que Pablo dice: todo me es lícito pero no todo conviene, todo me es lícito, pero no todo edifica.

Si glorifica a Dios o no le glorifica este es el nivel más alto de intimidad ya no se busca no solamente Su voluntad, sino también el agradarle, no querer entristecerle, va por encima de si hay un propósito o no en esto, solo cuenta el como se sentirá Dios en esta situación.

Sabiendo esto podemos identificar las canciones en las 3 separaciones del tabernáculo de reunión de Moisés:

1- Los atrios: aquí era donde se encontraban el altar del sacrificio y la fuente. La finalidad esencial del altar era la de ser el lugar donde se ofrecía los sacrificios y se vertía la sangre, la única que hacía expiación sobre el altar por las almas. El altar nos habla de Cristo; los sacrificios nos hablan de Cristo, el sacerdote nos habla de Cristo. El conjunto de lo que sucedía en el altar nos presenta la cruz.

La Fuente de Bronce, estaba situada entre el altar de Bronce y el Lugar Santo. No servia para ofrecer sacrificios, sino para lavarse en ella, lo que Aarón y sus hijos debían hacer cada vez que entraban al altar para ofrecer un sacrificio.
Las canciones que nos llevan a los atrios son las que hablan sobre salvación, redención, perdón y resurrección.

2- El lugar Santo: aquí es donde derramamos todo lo que somos ante El y recibimos de Dios todo lo necesario para seguir adelante, es un lugar de refugio, restauración, fortaleza, identidad, petición, es un lugar de diálogo, Dios resuelve nuestras dudas y nos da dirección.

La mesa de los panes de proposición representa el alimento espiritual para alimentar a nuestro hombre interior.

El candelero, es una figura de Cristo, mientras que el aceite es, como en toda la Palabra, una figura del Espíritu Santo, pues el mayor y primer testimonio que da el Espíritu Santo es respecto del mismo Cristo.

En el Altar de Oro el sacerdote ofrecía el perfume, mientras afuera el pueblo oraba.

El incienso era únicamente para Dios, ni podía ser ofrecido más que en el lugar Santo y no debía ser consumido por fuego extraño, sino solamente por el tomado del Altar de Bronce. Representa nuestras oraciones y nuestra adoracion a Dios.

Las canciones que nos llevan al Lugar Santo son las que hablan de restauración, de entrega, de obediencia, de ofrenda, de planes y propósitos, promesas, estrategias y herencia.

3- El Lugar Santísimo: en este lugar es donde se encuentra el arca, la presencia misma de Dios, la habitación del Padre. En las ordenanzas para el Tabernáculo dadas por Dios a Moisés, el Arca ocupa el primer lugar.
No se podía ver el Arca más que en el Lugar Santísimo. El acceso a Él esta abierto para nosotros hoy en día; pero conviene que lo hagamos siempre con la mayor reverencia.

Las canciones que nos llevan al Lugar Santísimo son las que nos llevan a una intimidad más profunda con el Padre, no hablan de nada y lo dicen todo, no esperan nada, no piden nada y a veces sobran las palabras. En este lugar tu espíritu se conecta tanto a El que las palabras y la adoración salen del corazón, no de una canción. Hablan de tu amor por El y nada más.

Escribe 3 títulos de canciones que sean para los atrios, 3 que sean del Lugar Santo y 3 más para el Lugar santísimo y específica el porque:

_____

_____

_____

_____

Como sacarle el mayor rendimiento a este discipulado

Este discipulado está compuesto por diferentes temas, la idea es que tú y tu equipo de alabanza, si perteneces a uno, podáis repasar una lección por semana, ya que todos estamos muy ocupados, ya sea en el trabajo, estudios y servicio congregacional, además de los discipulados y estudios bíblicos, por esa razón solo serán de 2 a 3 hojas como mucho por semana, para que así no os sea de mucha carga y todos podáis compartir los unos con los otros lo que Dios hace cada semana.

Que Dios prospere vuestras vidas así
como prosperan vuestras almas.
Directora de Alabanza de ACF Albir.
Lidia Alvado.

Made in United States
Orlando, FL
05 February 2024